D0883652

GRAPHIC LIBRARY™
en español

HISTORIA GRÁFICA

AMOS DE LOS MARES

LOS VIKINGOS EXPLORAN EL ATLÁNTICO NORTE

por Allison Lassieur
ilustrado por Ron Frenz
y Charles Barnett III

Consultor: Roland Thorstensson, Doctor en Filosofía
Profesor de Estudios Escandinavos y Suecos
Gustavus Adolphus College
St. Peter, Minnesota

Capstone
press®

Mankato, Minnesota

Graphic Library is published by Capstone Press,
151 Good Counsel Drive, P.O. Box 669, Mankato, Minnesota 56002.
www.capstonepress.com

1 2 3 4 5 6 11 10 09 08 07 06

Library of Congress Cataloging-in-Publication Data
Lassieur, Allison.
    [Lords of the sea. Spanish]
    Amos de los mares: los vikings exploran el Atlántico Norte/por Allison Lassieur;
illustrado por Ron Frenz y Charles Barnett III.
    p. cm.—(Graphic library. Historia gráfica)
    ISBN–13: 978–0–7368–6620–0 (hardcover : alk. paper)
    ISBN–10: 0–7368–6620–5 (hardcover : alk. paper)
    ISBN–13: 978–0–7368–9688–7 (softcover pbk. : alk. paper)
    ISBN–10: 0–7368–9688–0 (softcover pbk. : alk. paper)
    1. Vikings—Juvenile literature. 2. Vikings—Comic books, strips, etc.—Juvenile literature.
3. North America—Discovery and exploration—Norse—Juvenile literature. 4. North America—
Discovery and exploration—Norse—Comic books, strips, etc.—Juvenile literature. I. Title. II.
Series.
DL65.L37418 2007
948'.022—dc22   2006043915

Summary: In graphic novel format, tells the story of the Vikings' exploration of the North Atlantic
    Ocean, in Spanish.

Art and Editorial Direction
Jason Knudson and Blake A. Hoena

Editor
Christopher Harbo

Designer
Jason Knudson

Translation
Mayte Millares and Lexiteria.com

Colorist
Benjamin Hunzeker

TABLA DE CONTENIDOS

CAPÍTULO 1

EL ESPÍRITU VIKINGO DE LA AVENTURA

En los años 700 d.C., los vikingos vivían en Escandinavia. El área incluía los países que hoy son Noruega, Suecia y Dinamarca. La mayoría de los vikingos vivían en pequeñas aldeas a lo largo de la costa y vivían de la agricultura.

Los vikingos utilizaban los ríos y canales llamados fiordos para viajar de aldea en aldea. Construían barcos resistentes y rápidos y se convirtieron en excelentes marineros y navegantes.

Para finales de los años 700, encontrar una buena tierra para la agricultura era difícil en Escandinavia. Para algunos vikingos, atacar otras tierras en busca de riqueza era más fácil que dedicarse a la agricultura.

En 793, los vikingos llegaron a Inglaterra y atacaron el monasterio Lindisfarne.

¡Registren la iglesia! ¡Busquen joyas y oro!

¿A dónde me llevan? ¡Déjenme!

¡Ahora eres un esclavo! ¡Súbete a bordo!

En el verano de 985, Erik dirigió 24 barcos cargados de hombres, mujeres, ganado y provisiones y zarpó hacia Groenlandia. Algunos de los barcos se hundieron o se regresaron durante el trayecto. Sólo 14 barcos completaron el viaje.

ESCANDINAVIA

GROENLANDIA

ISLANDIA

OCÉANO ATLÁNTICO

Erik se convirtió en el líder de Groenlandia. Sus seguidores construyeron dos poblados y la población de Groenlandia creció a 3,000. Pero la vida allí era difícil.

Nuestros cultivos apenas y crecen en esta tierra. Nunca pensamos que la vida sería tan dura aquí.

Mi granja ha progresado. Quizás sólo necesitas trabajar más duro.

Bjarni se hizo a la mar de regreso. Navegó al norte y al este, finalmente encontrando el camino hacia Groenlandia.

Durante años, contó la historia de la tierra que había visto.

Ya hemos escuchado esa historia antes, Bjarni. Pero, ¿por qué no exploraste esa tierra?

¿No te dio curiosidad?

¡No tenía tiempo! Tenía prisa por encontrar a mi familia.

Como líder de Groenlandia, Erik quería conocer más acerca de la tierra que Bjarni había descubierto. Aunque nunca salió él mismo a explorar el nuevo territorio, su hijo Leif Eriksson decidió ir en busca de dicha tierra.

Quiero comprar tu barco. Creo que puede llevarme a la tierra que encontraste.

Han pasado 15 años desde que la vi, Leif. Que tengas buena suerte.

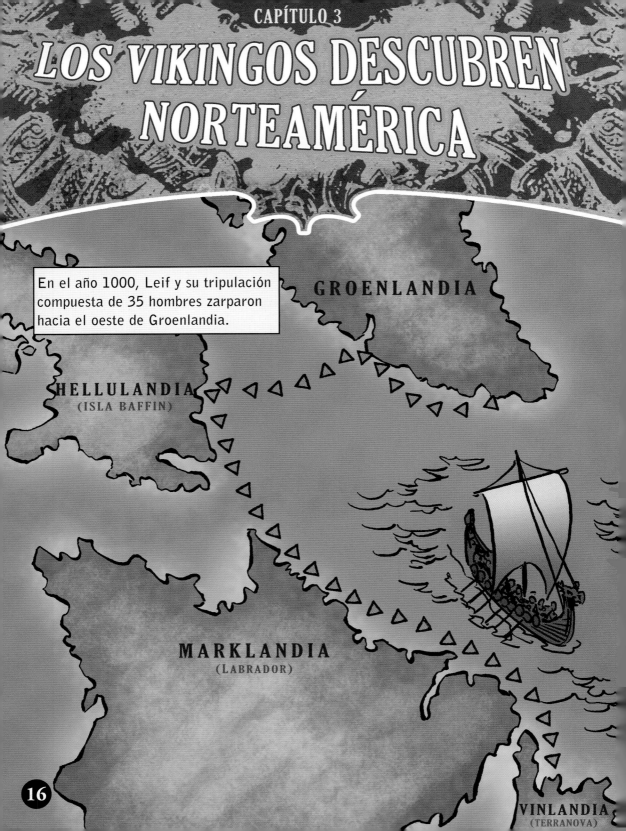

CAPÍTULO 3

LOS VIKINGOS DESCUBREN NORTEAMÉRICA

En el año 1000, Leif y su tripulación compuesta de 35 hombres zarparon hacia el oeste de Groenlandia.

GROENLANDIA

HELLULANDIA
(ISLA BAFFIN)

MARKLANDIA
(LABRADOR)

VINLANDIA
(TERRANOVA)

Leif y sus hombres construyeron refugios para pasar el invierno.

Leif, ¿me podrías ayudar?

Seguro. Aquí está la cubierta para el techo.

Cuando terminaron la construcción, Leif decidió emprender la exploración del territorio.

Dividámonos en dos grupos.

Un grupo permanecerá en el campamento. El otro grupo vendrá conmigo.

Poco después de la batalla, los vikingos decidieron que ya estaban hartos. Empacaron sus cosas y abandonaron Vinlandia.

Después de que Thorfinn se fue, sólo unos pocos vikingos se aventuraron en Norteamérica. Pero ninguno de ellos estableció colonias.

Finalmente, las culturas vikingas en Groenlandia e Inglaterra se desvanecieron y extinguieron. Sólo los vikingos en Islandia continuaron progresando. Hoy en día, muchos de los pobladores de Islandia son parientes de los primeros vikingos que se establecieron allí.

MÁS SOBRE
LOS VIKINGOS

- Los vikingos con frecuencia son representados portando cascos con cuernos, pero los cascos que ellos utilizaban en realidad no tenían cuernos.

- Muchos vikingos tenían nombres descriptivos, tales como Harald Pelo Claro, Svein Barba Cortada y Harald Diente Azul.

- Cuatro días de la semana, en inglés, se llaman así en honor a dioses germánicos o vikingos. Tuesday se llama así por Tyr. Wednesday se llama así por Odin. Thursday se llama así por el dios Thor. Friday se llama así por Frey.

- Alrededor del año 1500, los poblados vikingos en Groenlandia se desvanecieron. Nadie sabe a ciencia cierta porqué. Los vikingos pueden haber muerto a causa de enfermedades o quizás hayan agotado todos los recursos naturales.

- En los años 1960, los arqueólogos encontraron los restos de un poblado vikingo en L'Anse aux Meadows en Terranova, Canadá. Este lugar es el único poblado vikingo en Norteamérica del cual se tiene conocimiento.

Los vikingos no sólo viajaron al oeste sino también al este de Rusia y al Medio Oriente. A lo largo del trayecto, intercambiaron artículos, armas y plata con la gente que conocían. Mucha de la plata que los vikingos tenían era para elaborar joyería. Tanto hombres como mujeres utilizaban anillos, collares y broches de plata.

Los vikingos viajaban por tierra utilizando caballos, carretas, esquís y trineos. Incluso hicieron patines para hielo con huesos de animales.

Un barco de guerra vikingo era llamado un Drakkar. Este barco también era conocido como el ''barco-dragón'' por el dragón tallado en la proa. Los drakkars, como todos los barcos vikingos, eran construidos para viajar velozmente.

Los vikingos crearon la forma más antigua de gobierno parlamentario en Europa. Conocida como Althing, esta reunión al aire libre permitía a los granjeros libres hablar sobre los problemas y discutir las leyes.

GLOSARIO

la colonia—un área que ha sido poblada por personas de otro país

desterrar—enviar a alguien lejos de un lugar y ordenarle a esa persona que no regrese

el fiordo—una ensenada larga y estrecha entre altos acantilados

el navegante—una persona que utiliza mapas, brújulas y constelaciones para ayudarse a navegar

prosperar—crecer y tener éxito

saquear—robarse cosas por la fuerza

SITIOS DE INTERNET

FactHound proporciona una manera divertida y segura de encontrar sitios de Internet relacionados con este libro. Nuestro personal ha investigado todos los sitios de FactHound. Es posible que los sitios no estén en español.

Se hace así:

1. Visita *www.facthound.com*

2. Elige tu grado escolar.

3. Introduce este código especial **0736866205** para ver sitios apropiados según tu edad, o usa una palabra relacionada con este libro para hacer una búsqueda general.

4. Haz clic en el botón **Fetch It**.

¡FactHound buscará los mejores sitios para ti!

LEER MÁS

Chrisp, Peter. *The Vikings.* Strange Histories. Chicago: Raintree, 2003.

Gallagher, Jim. *Viking Explorers.* Explorers of New Worlds. Philadelphia: Chelsea House, 2001.

Glaser, Jason. *Leif Eriksson.* Fact Finders: Biographies. Mankato, Minn.: Capstone Press, 2005.

Hatt, Christine. *The Viking World.* Excavating the Past. Chicago: Heinemann, 2005.

Hopkins, Andrea. *Viking Longships.* The Viking Library. New York: PowerKids Press, 2002.

BIBLIOGRAFÍA

Brent, Peter Ludwig. *The Viking Saga.* London: Weidenfeld and Nicolson, 1975.

Jones, Gwyn. *A History of the Vikings.* London: Oxford University Press, 2001.

Roesdahl, Else. *The Vikings.* Translated by Susan M. Margeson and Kirsten Williams. London: Penguin Books, 1998.

Sawyer, P. H. *The Oxford Illustrated History of the Vikings.* New York: Oxford University Press, 1997.

ÍNDICE